L'ÉLECTION
DE M. LITTRÉ
A L'ACADÉMIE FRANÇAISE

PAR MGR L'ÉVÊQUE D'ORLÉANS

MEMBRE DE L'ASSEMBLÉE NATIONALE

SUIVI D'UNE RÉPONSE AU JOURNAL DES DÉBATS

PARIS
CHARLES DOUNIOL ET Cie, LIBRAIRES-ÉDITEURS
RUE DE TOURNON, 29.

1872

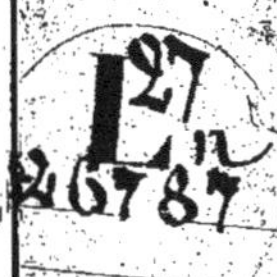

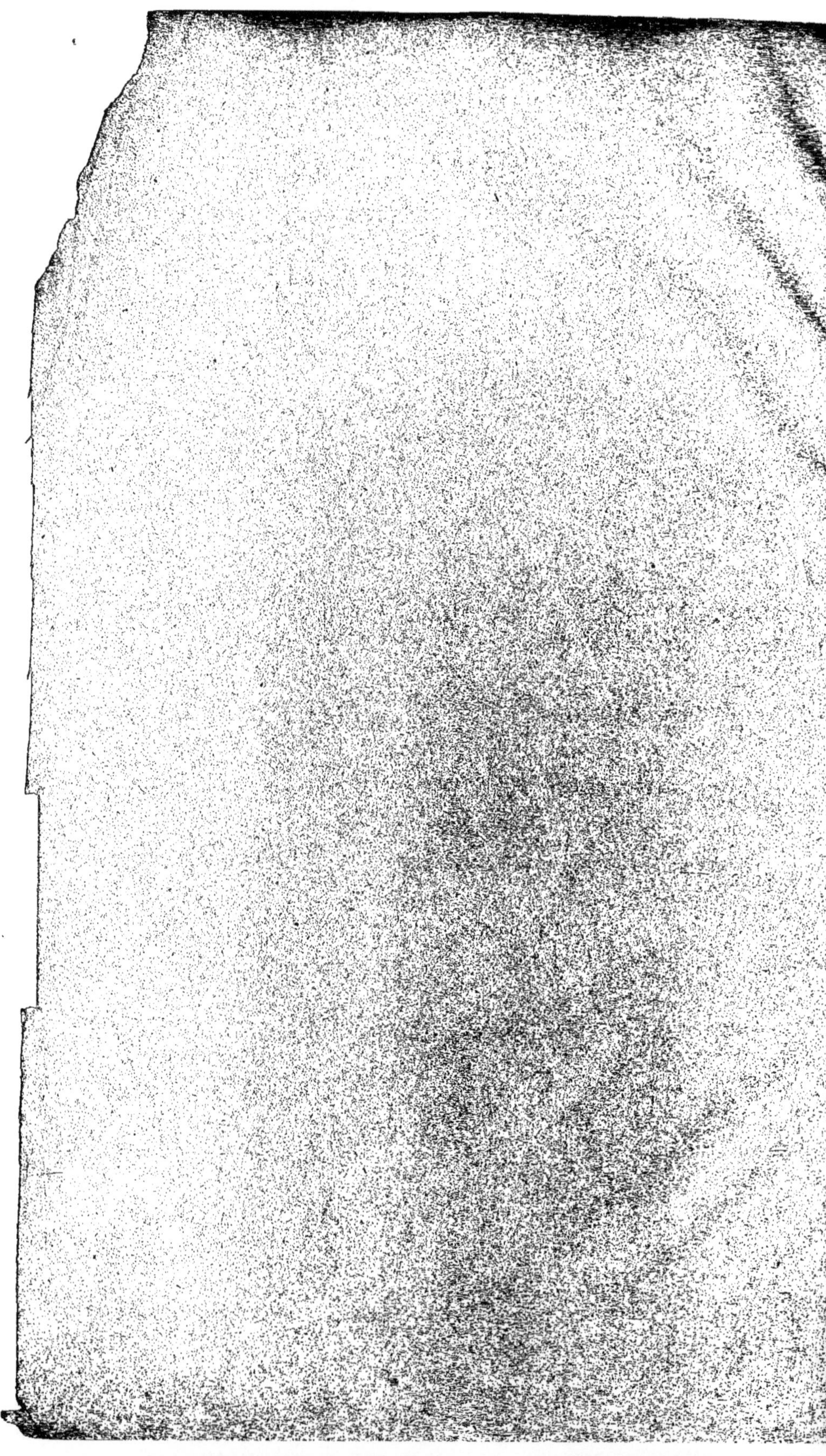

L'ÉLECTION

DE M. LITTRÉ

A L'ACADÉMIE FRANÇAISE

PARIS. — IMP. VICTOR GOUPY, RUE GARANCIÈRE. 5.

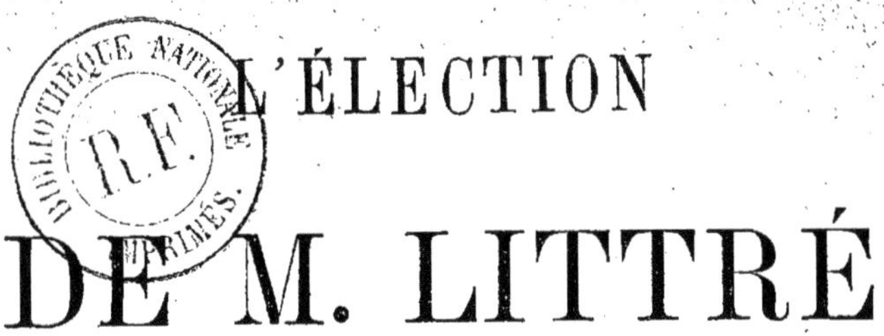

L'ÉLECTION DE M. LITTRÉ

A L'ACADÉMIE FRANÇAISE

PAR Mgr L'ÉVÊQUE D'ORLÉANS

MEMBRE DE L'ASSEMBLÉE NATIONALE

SUIVI D'UNE RÉPONSE AU JOURNAL DES DÉBATS

PARIS

CHARLES DOUNIOL ET Ce, LIBRAIRES-ÉDITEURS

RUE DE TOURNON, 29

—

1872

L'ÉLECTION

DE M. LITTRÉ

A L'ACADÉMIE FRANÇAISE

Le mardi 19 décembre, jour fixé pour la discussion des titres des candidats aux siéges vacants à l'Académie française, la candidature de M. Littré a été discutée. M. Littré ne s'était point présenté lui-même ; quelques-uns de ses amis avaient cru pouvoir produire sa candidature pour lui. Le jeudi 21 décembre, la discussion a continué. J'ai cru ce jour-là devoir prendre la parole et présenter quelques observations sur cette candidature, repoussée une première fois, il y a huit ans, par l'Académie, et inopinément renouvelée aujourd'hui. Ces observations, il m'a paru convenable de les soumettre à ceux de nos confrères qui n'avaient pu être présents à la séance. Les voici, telles à peu près que je les ai présentées :

J'éprouve, messieurs, en prenant aujourd'hui la parole au milieu de vous, deux peines : l'une, sensible ; l'autre, très-vive. La peine sensible, c'est de me trouver en dissentiment profond avec M. ***, ce qui ne m'est jamais arrivé depuis que j'ai l'honneur d'en être connu ; car, même ce qui nous sépare nous a souvent rapprochés, et toujours avec profit et douceur pour moi.

La peine très-vive, c'est d'être obligé de parler encore contre M. Littré et sa candidature. Les relations qui avaient eu lieu entre M. Littré et moi, il y a huit ans, à l'occasion du vote de l'Académie, m'avaient laissé pour son caractère une estime, et, il me permettra de l'ajouter, pour sa personne une affection triste, qui m'ont fait éviter depuis de prononcer son nom dans mes polémiques pour la défense de la religion, là même où ses doctrines étaient en cause. Voilà pourquoi il m'est singulièrement pénible d'être forcé de nouveau à le combattre. Mais je le ferai, parce que c'est pour moi un devoir, impérieux. Toutes les raisons, en effet, qui m'avaient déterminé à repousser en 1863 la candidature de M. Littré, subsistent aujourd'hui, aggravées encore, je puis le dire, par les événements au lendemain desquels cette candidature surgit.

J'avais combattu en lui le matérialisme, l'athéisme, le socialisme. Tout en respectant un aveuglement que je crois sincère, et y compatissant, il m'avait paru impossible d'admettre que l'Académie pût élever aux premiers honneurs de l'esprit français un écrivain, dont toutes les œuvres n'étaient qu'une propagande infatigable en faveur de ces erreurs fondamentales, et une guerre permanente contre toutes les vérités premières sans lesquelles aucune société ne peut vivre. Il me semblait que, donner un des siéges de l'Académie à l'apôtre des doctrines les plus subversives de tout ordre religieux, moral, et social, c'était élever un piédestal aux doctrines elles-mêmes, et grandir ainsi l'autorité d'une école dont l'influence sur les ouvriers et sur la jeunesse contemporaine a été désastreuse.

On a dit que le matérialisme et le positivisme n'étaient pas la question actuelle en France ; qu'il y a huit ans, le positivisme levait son drapeau, et qu'alors il avait été nécessaire de le repousser; mais qu'aujourd'hui ce n'est plus la question ni le danger ; que la France n'avait plus à s'en préoccuper ; que ce péril reviendrait peut-être, et qu'on verrait alors; qu'aujourd'hui la question est de savoir si la forme du gouvernement sera républicaine ou monarchique; que la France ne s'occupe pas d'autre chose, et qu'en tout temps, il faut prendre les questions où elles en sont.

J'ai répondu : Quant à moi, je ne puis accepter la question dans ces termes, ni voir là, messieurs, la vérité de la situation.

Pour ma part, ce qui m'importe avant tout, et je crois que cela importe aussi à mon pays, ce n'est pas que la France soit républicaine ou monarchique ; — assurément, j'ai ici, comme chacun, mes préférences ; — mais, qu'elle soit républicaine ou monarchique, ce qui importe, c'est que, monarchie ou république, elle ne soit ni matérialiste, ni socialiste; qu'elle ne descende pas plus bas qu'elle n'est descendue; qu'elle ne retombe plus aux mains de ceux auxquels elle a été une première fois livrée.

C'est là où je vois et la question et le danger. Et c'est dans cette vue et dans cette crainte que je suis contraire à l'élection de M. Littré. Elle serait à mes yeux un encouragement pour le matérialisme et le socialisme, en les élevant, dans la personne de leur chef, intellectuellement et moralement, aussi haut qu'on puisse le faire.

Mais, me dit-on, M. Littré à désavoué ses opinions.

Je n'en sais que deux désavouées par lui. — Vous connaissez la première : M. Littré avait imprimé qu'il fallait enlever à la France entière le droit du suffrage universel, et le conférer uniquement aux ouvriers de Paris qui, par leurs lumières, leur vigueur et leur dévouement, étaient seuls capables de prendre en mains le gouvernement des choses, et qu'il fallait, de la sorte, faire de Paris le grand électeur pour toute la France.

Cette opinion prodigieuse, qui était celle de M. Comte, le maître de M. Littré, M. Littré l'a désavouée.

Le second désaveu, c'est d'avoir écrit récemment, à propos des renouvellements partiels possibles de l'Assemblée nationale, que, si ces renouvellements se faisaient dans le sens monarchique, il faudrait y céder; que la république n'était pas au-dessus de la France, mais la France au-dessus de la république.

De ceci, on sait gré, et avec raison, à M. Littré; pour moi, cependant, je ne puis lui en avoir une trop vive reconnaissance. Imposer la république à la France malgré elle, est une telle et si monstrueuse aberration, que la désavouer me paraît un mérite ordinaire. Sauf ces deux points, M. Littré n'a rien désavoué de ses doctrines, ni en rien ralenti sa propagande athée, matérialiste et socialiste. Et les preuves de ce que j'avance, et que je vais mettre sous vos yeux, je les trouve dans les écrits qu'il publie chaque jour, à l'heure qu'il est; notamment dans son grand et principal organe, qui s'appelle *la Philosophie positive* : c'est dans cette revue que, depuis plusieurs mois, il continue à être plus que jamais le chef de la grande école du matérialisme en France, et le chef du socialisme, le chef le plus redoutable, le plus actif, le plus persévérant.

Des textes anciens, Messieurs, je rapprocherai les textes nouveaux, les textes d'hier; et vous verrez la parfaite et menaçante identité des doctrines.

I

Quant au matérialisme, ce n'est pas par des doctrines raffinées, philosophiques, — j'aurais honte de leur donner ce nom, — c'est par des formules positivistes, c'est-à-dire, selon les expressions mêmes de mon illustre contradicteur, par les formules matérialistes les plus crues, par la méthode et les procédés matérialistes, que la jeunesse des écoles et les ouvriers de Paris ont été pervertis.

M. Littré rejette Dieu absolument : il le déclare une fiction, une hypothèse, une pure et vaine supposition, sans aucune certitude ni réalité quelconque;

Une hypothèse, soit théologique, soit philosophique; car les positivistes repoussent la philosophie rationnelle comme la religion, tout dogme philosophique comme tout dogme religieux ;

Une hypothèse inutile, et sans laquelle on explique tout, l'origine du monde, celle de l'homme ;

Une hypothèse impossible, que la science contredit et détruit.

Pour M. Littré, Dieu n'est pas seulement en dehors de la science, il est antipathique et contradictoire à la science ; l'idée de Dieu ne correspond à rien d'existant : Dieu n'est pas.

En conséquence, M. Littré et son école introduisent de plein pied dans toute science l'athéisme et le matérialisme le plus absolu ; et, après avoir ainsi fait l'éducation, la science, et l'esprit humain athées, ils veulent faire la société tout entière athée, en détruisant tous les cultes, toutes les religions, pour substituer au culte de Dieu l'idolâtrie de l'Humanité : l'Humanité qui est, selon eux, LA SUPRÊME EXISTENCE, LE SEUL OBJET DU CULTE.

C'est, Messieurs, de ces doctrines que M. de Rémusat disait, dans un livre de *Philosophie religieuse* : « Un effort agressif « a été tenté, dans ces dernières années, contre les principes « fondamentaux des croyances communes à toutes les nations, en « faveur de ce qu'il faut bien appeler brutalement du nom d'a- « théisme. »

Voici sur ce point capital quelques textes de M. Littré, entre mille autres :

« L'idée d'un être théologique quelconque, est une hypothèse « désormais inutile[1]. »

« Le régime théologique (*la croyance en Dieu*), qui fut le ré- « gime initial de l'humanité, touche à sa fin[2]. »

« L'esprit positif a successivement fermé toutes les issues à l'es- « prit théologique et métaphysique[3]. »

« Les sciences se montrent de plus en plus *contradictoires* et « *incompatibles* aux conceptions dn surnaturalisme[4]. »

« Les êtres théologiques *tenus pour réels* n'ont d'*existence* que « *dans l'esprit*... Les idéalisations théologiques ne furent jamais « *que fictives*[5]. »

[1] *Conservation, Révolution, Positivisme*, p. 298.
[2] *Ibid.*, p. 194. — [3] *Ibid.*, p. 61. — [4] *Ibid.*, p. 297. — [5] *Ibid.*, préf., p. XXVIII

« Les sciences ont défait toute théologie[1]. »

« Le dogme nouveau élimine positivement toutes les volontés « surnaturelles connues sous le nom de Dieu et de Providence[2]. »

« Le dogme nouveau nous révèle une *grande et suprême exis-* « *tence*, l'HUMANITÉ[3]. »

« L'HUMANITÉ devient SA PROVIDENCE A ELLE-MÊME, après avoir « longuement souffert pour avoir trop longtemps compté sur « d'*autres providences imaginaires*[4]. »

« Il ne nous reste qu'à retirer les derniers voiles, et à prendre « déterminément l'HUMANITÉ pour idéal de nos pensées, pour OBJET « de nos fêtes[5]. »

Du reste, M. Littré en demandant de substituer l'humanité à Dieu, et le culte de l'humanité au culte de Dieu, ne faisait que reproduire l'idée fondamentale de M. Comte :

« L'humanité, écrivait celui-ci, se substitue à Dieu, sans oublier « jamais ses services provisoires[6].

« L'humanité doit seule réparer l'impuissance de Dieu[7]. »

M. Comte déclarait encore, « au nom du passé et de l'avenir, « *arriérés* et *perturbateurs*, » tous ceux qui croient en Dieu, « *catholiques*, *protestants*, *ou déistes*[8]. »

Il allait enfin jusqu'à demander, « pour le culte public de l'hu- « manité, » l'église Sainte-Geneviève : « Aucun scrupule ne « peut empêcher de consacrer le Panthéon à sa vraie destina- « tion[9]. »

Et M. Littré, parlant de l'adoration de l'humanité, s'écriait lui même : « Poëtes, elle vous demandera des chants ; peintres, elle « vous demandera des tableaux ; architectes, elle vous demandera « des temples[10] ! »

Plus tard, il écrivait une préface approbative pour une *Étude de philosophie positive*, dans laquelle l'auteur déclarait l'idée de Dieu « aussi anarchique que rétrograde ; » tandis qu'un autre

[1] *Ibid.*, p. 327. — [2] *Ibid.*, préf., p. XXVI. — [3] *Ibid.*, p. XXXI.
[4] *Dictionnaire des Sciences médicales*, art. MORT.
[5] *Conservation*, etc., p. 127.
[6] *Catéchisme positiviste*.
[7] *Appel aux Conservateurs*. — [8] *Ibid.* — [9] *Ibid.*, p. 119. — [10] *Conservation*, etc.

écrivait en même temps : « L'idée de Dieu est déja bien ébran-« lée ; il faut lui porter les derniers coups[1]. »

Ce sont là des textes anciens ; mais M. Littré, encore aujourd'hui, n'écrit pas un article où ces mêmes négations de Dieu, ces mêmes attaques à ce qu'il appelle les conceptions théologiques et métaphysiques, ne se retrouvent. Dans *la Philosophie positive* — il en est le rédacteur le plus assidu et le plus fécond, les deux derniers numéros contiennent jusqu'à huit articles signés de lui : — à chaque page l'attaque contre la théologie et la philosophie, c'est-à-dire contre l'idée de Dieu, reparaît.

Ainsi, il y déclare que « l'orgueil théologique ou métaphysique « croit connaître le monde dans son principe ; il ne le connaît pas[2] ; » ce qui signifie que c'est par orgueil que les théologiens et les philosophes croient savoir que le monde a Dieu pour auteur.

Selon lui, il demeure *démontré* que Dieu n'est qu'une hypothèse ; et nous ne savons pas s'il existe ou non. M. Littré affirme nettement « notre incapacité, expérimentalement *démontrée*, de « nous faire une conception du monde qui soit autre *qu'une « hypothèse*[3]. »

« Il s'en faut, dit-il encore récemment, que la conception posi-« tive du monde soit universellement adoptée[4] ; » la conception positive du monde, c'est-à-dire la conception du monde en dehors de toute idée de Dieu.

Et pourquoi, selon M. Littré, cette conception n'est-elle pas universellement adoptée ? C'est parce que « *la conception théologique « tient encore un très-grand nombre d'esprits, la conception mé-« taphysique en tient beaucoup d'autres*, et à elles deux elles *oc-« cupent officiellement le rôle de directrices et d'enseignantes*[5] ! » Rôle usurpé et triste rôle, puisque c'est lui qui empêche, selon M. Littré, la conception positive et athée du monde d'entrer dans l'enseignement officiel.

Ce qu'il faut donc et ce que poursuit M. Littré, c'est que les conceptions théologiques et philosophiques soient anéanties et remplacées par l'athéisme.

[1] A. Naquet, *Revue encyclopédique ;* de la méthode.
[2] N° de décembre 1871, p. 427. — [3] *Ibid.* — [4] *Ibid.*, p. 416. — [5] *Ibid.*, p. 416.

Ainsi sera préparé ce « nouvel état mental, » dont parle sans cesse M. Littré, qui « appelle un nouveau régime social. » Car selon lui, toujours dans ces articles datés d'hier même, les idées théologiques et philosophiques, sur lesquelles reposent les anciennes institutions sociales, sont absolument stériles et incapables de rien fonder à l'avenir:

« Ayant été, dit-il, impuissantes à retenir, elles sont impuissantes à restaurer[1]. »

Et, chose incroyable, mais que j'ai cependant sous les yeux, cette « impuissance des doctrines anciennes, » M. Littré en trouve la preuve dans les crimes mêmes dont le socialisme athée vient d'épouvanter le monde : « Le philosophe de l'école « positive, écrit-il, se persuade de plus en plus, à l'encontre des « fauteurs des *doctrines anciennes*, qu'elles *sont bien impuis-* « *santes, puisqu'elles ont laissé aller les hommes à ce degré d'a-* « *narchie*[2]. » Je dois l'avouer ici, rarement j'ai rencontré une aussi audacieuse puissance d'aveuglement. Ainsi nous avons vu le socialisme athée à l'œuvre; il a profané les temples, abattu les monuments, massacré les otages, incendié Paris. Mais ce n'est pas lui que M. Littré accuse; ce sont « les anciennes doctrines! » Ce sont elles « qui ont laissé aller les hommes à ce degré d'anarchie. » Mais il y a quarante ans, malheureux écrivain, que ces doctrines anciennes, vous et votre école travaillez à les détruire, que vous prêchez *infatigablement*, c'est votre mot, le matérialisme et le socialisme, que vous y enrôlez la jeunesse et les ouvriers; et vous vous étonnez que les anciennes doctrines n'aient pu retenir ceux chez qui vous aviez brisé tous les freins, en en faisant des matérialistes et des socialistes athées !

Et ce n'est pas assez pour vous : votre douleur, c'est de n'avoir pas encore rendu *les hauts rangs* athées et socialistes; vous vous plaignez que « *les hommmes qui occupent les hauts* « *rangs, appartiennent, pour la plupart, à des idées ou théo-* « *logiques, ou métaphysiques*, ou fragmentaires, qui les dis-

[1] *Ibid.*, p. 427.
[2] N° d'octobre 1871, p. 189.

« posent mal *pour une instruction positive et encyclopédique*[1]. »

Et alors tous vos efforts continuent, pour détruire partout les croyances religieuses et philosophiques, afin de tout renouveler, les opinions, les mœurs, les institutions, dans le sens de votre athéisme :

« La *philosophie positive* demande que *les opinions*, *les mœurs* « et *les institutions* découlent désormais du *nouveau principe*, « qui est la *conception scientifique du monde*[2], » en dehors de toute idée de Dieu !

Ce sont là, messieurs, des textes d'hier. Tel est encore, à l'heure qu'il est, l'athéisme de M. Littré.

II

Quant à son matérialisme, c'est le plus complet et le plus opiniâtre qui se puisse imaginer, poursuivant toute idée d'âme ou d'esprit avec une rigueur implacable.

Qu'on ouvre un des ouvrages les plus connus de M. Littré, et le plus funeste de tous, son *Dictionnaire des sciences médicales*, aux articles *Ame*, *Raison*, *Perception*, *Homme*, *Sociabilité*, et voici les définitions qu'on y trouvera :

« Il faut réserver le nom d'âme à l'ensemble des facultés *du* « *système nerveux central*, en sa totalité.

« La pensée est *inhérente à la substance cérébrale* tant que « celle-ci se nourrit, *comme la contractilité aux muscles*, *l'élasti-* « *cité aux cartilages et aux ligaments jaunes*.

« Le mot d'âme exprime, considéré anatomiquement, l'*en-* « *semble des fonctions du cerveau et de la moelle épinière*, et con- « sidéré physiologiquement, l'ensemble des fonctions de la *sensi-* « *bilité encéphalique*...

[1] Nº de décembre 1871, p. 447.
[2] *Ibid.*, p. 447.

« La perception est un phénomène *cérébral* qui se passe à l'ex-« trémité encéphalique des éléments nerveux.

« La raison n'est pas l'apanage exclusif de l'homme... Les ani-« maux mammifères ont un cerveau fondamentalement disposé « comme celui de l'homme, » et il y a « *passage* entre les deux rai-« sons : » *la raison humaine* et *la raison animale*.

En conséquence de ces belles découvertes, voici comment l'homme est défini, — comme s'il n'y avait en lui que l'animalité pure : — « L'homme est un ANIMAL MAMMIFÈRE, de l'ordre « des primates (classe de singes), famille des bimanes, caractérisé « taxinomiquement par une peau à duvet ou à poils rares, etc. »

« La *sociabilité* est UN RÉSULTAT DE L'ORGANISATION ANIMALE, et « elle n'a PAS D'AUTRE CAUSE..., l'organisation DE TELLES ET TELLES « ESPÈCES D'ANIMAUX, DE L'HOMME EN PARTICULIER... selon le degré « et le développement de LEURS INSTINCTS ALTRUISTES. »

Ainsi la société humaine, la famille, la patrie, ces grandes et saintes institutions de Dieu, d'où naissent parmi nous tant de devoirs et tant de vertus, des liens si délicats, des sentiments si élevés et si purs, l'affection, la reconnaissance, le dévouement, la compassion secourable, la sensibilité exquise, et aussi cette généreuse émulation qui rapproche les hommes pour les œuvres de bienfaisance, *ou, dans les compagnies savantes, pour les nobles travaux de l'esprit*, tout cela, comme la société des animaux, n'a qu'une seule et même cause, l'organisation animale !

Tout se réduit chez l'homme à la matière ; l'homme est un animal un peu mieux organisé que les autres. Ame, esprit, idée, jugement, amour, entendement, raison, société, le positivisme matérialise tout, détruit tout.

On a parlé des désaveux de M. Littré. Certes, j'ai le droit de demander s'il a désavoué un seul des textes que je viens de lire. Non ; voilà ce qu'il enseigne encore chaque jour à toute la jeunesse des écoles de médecine de France, dans un livre dont les éditions se multiplient, qu'on trouve entre les mains de tous les étudiants, qui est comme le *manuel* classique de la Faculté de Paris ; c'est là qu'on lit tout ce que vous venez d'entendre, et mille autres textes, non pas subtils et savants, mais grossiers, et où cet odieux matérialisme est donné crument à la jeunesse française comme la science seule vraie et positive.

Et on s'étonne de mon émotion! Oui, je suis ému, non-seulement parce que je suis évêque, mais parce que je suis homme, et que je ne puis m'empêcher de rougir de ces doctrines. On voudrait donc aussi que je n'aie aucune compassion de cette jeunesse! Mais a-t-on oublié les scènes de l'École de médecine, ces milliers de jeunes gens remplissant les salles, les cours, et toute la place de l'École, et criant : « Vive le matérialisme! vive l'athéisme! » applaudissant aux professeurs amis et disciples de M. Littré, étouffant sous leurs clameurs toute protestation, tout enseignement contraires. »

Les hommes qui enseignent ce matérialisme-là, je ne les nommerai pas, un seul excepté, parce qu'il est le collaborateur connu de M. Littré, le professeur célébré par les élèves, le signataire de leurs thèses matérialistes, M. Robin.

Et ces thèses, messieurs, je dois vous les rappeler, car ce sont les doctrines même de M. Littré, poussées jusqu'à leurs conséquences radicales et nécessaires, qui s'y produisaient; ce sont ces doctrines-là qui étaient publiquement soutenues devant la Faculté; c'est avec ces doctrines-là qu'on était reçu docteur; c'est avec de telles thèses, vues et approuvées par des professeurs de Paris, qu'on recevait publiquement, dans notre École de médecine, des médailles d'honneur.

J'ai sous les yeux quatre de ces thèses où sont professées les doctrines que voici :

« *La cause première est une chimère.*

« *La matière est éternelle.*

« *L'âme immatérielle est une entité chimérique.*

« *L'homme n'a acquis le privilége de sa supériorité hiérar-*
« *chique, qu'après avoir passé par tous les degrés de la série ani-*
« *male* : » — depuis l'huître jusqu'à l'ourang-outang!

« *L'homme ne doit pas se sentir humilié de son humble origine;*
« *car, comme l'a dit C. Vogt, il est encore plus glorieux pour*
« *lui d'être un singe perfectionné qu'un Adam dégénéré.* »

« Si notre thèse, disait l'auteur d'un des tristes écrits dont un

« vient de lire les extraits, a quelque valeur, ce sera uniquement « grâce aux travaux de nos maîtres. Nous devons surtout des re- « mercîments à M. le professeur Ch. Robin; *c'est dans ses œuvres « et à son cours que nous avons puisé la plupart des matériaux « de ce travail.* »

Il est même une de ces thèses où les conséquences les plus démagogiques du système, sont exprimées formellement avec la plus étonnante audace : « Qui vient encore nous parler de liber- « té, s'écriait le jeune docteur? Comme la pierre qui tombe obéit « à la loi de la pesanteur, l'homme obéit à des lois qui lui sont « propres... La responsabilité est identique pour tous, C'EST-A-DIRE « NULLE... »

Dès lors, et c'est le jeune docteur lui-même qui tire ces conséquences[1], nos lois pénales et nos tribunaux sont d'odieuses comédies, les assassins que les magistrats envoient au bagne ne sont pas responsables de leurs crimes, et les magistrats sont plus coupables que ceux qu'ils condamnent. La thèse va jusqu'à dire expressément que les médecins ne doivent pas se faire *les complices des magistrats*.

Il y eut d'ailleurs une occasion éclatante, où les observateurs attentifs purent mesurer avec effroi les progrès que ces doctrines matérialistes, unies, comme elles le sont toujours chez M. Littré, aux doctrines socialistes, avaient faits dans la jeunesse française : ce fut au fameux congrès de Liége.

Dans ce congrès, les étudiants français se montrèrent les plus violents de tous : c'est l'hommage qu'un ouvrier belge leur rendait à la séance de clôture, en célébrant l'alliance des étudiants et des ouvriers pour la révolution sociale. Le positivisme, le matérialisme et le socialisme y furent ensemble et sans cesse proclamés.

Un jeune docteur-médecin de Paris, qui siégeait au bureau même du congrès, s'écriait:

« Je le déclare franchement, je suis matérialiste. »

Et il faisait suivre cette déclaration de l'éloge de MM. Comte et Littré.

Puis il ajoutait : « Tout homme qui est pour le progrès est aussi

« pour la philosophie positiviste ou matérialiste ; » et c'est sur cette science qu'il fondait, docile aux leçons de M. Littré, et comme lui, « le progrès » et « l'œuvre de la rénovation sociale. »

« Positivistes, athées, révolutionnaires, s'écriait un autre, tous « veulent la réforme sociale. »

Ce congrès, où retentissaient ainsi les doctrines, et le nom même de M. Littré, se termina par ces cris : « Guerre à Dieu ! Le « progrès est là. — La révolution c'est le triomphe de Dieu sur « l'homme ! — Il faut crever la voûte du ciel comme un plafond « de papier ! — Il y a une puissance qui a l'avenir, c'est l'huma- « nité ! » Ceci, c'était du positivisme. Le socialisme répondait : « Haine à la bourgeoisie ! haine au capital ! Si cent mille têtes « font obstacle, qu'elles tombent[1] ! »

Lorsque je signalai cette explosion de matérialisme et de socialisme, comme une chose grave, un journal lettré me répondit : « Tout cela est sans conséquence. Ce sont des enfants ! C'est une « effervescence que l'âge calmera. » Je répondis à mon tour : « Dans dix ans, ces enfants peut-être seront les maîtres de la « France. Vous avez là les Hébert, les Chaumette des révolutions « à venir. »

Dix ans ! Je demandais trop.

Quatre ans après, les membres de ce congrès étaient dans l'Internationale et dans la Commune : Fontaine, Protot, Tridon, Casse, Brismée, d'autres encore ; et il se trouvait parmi eux de futurs délégués au ministère de la justice ;

Raoul Rigault fondait un journal intitulé : *le Barbare, journal du Matérialisme ;*

Son confrère à la Commune, Ferré, hélas ! mourait ces jours-ci en s'écriant : « Je suis matérialiste ; je meurs en matérialiste ! »

Et ce jeune homme, que vous avez cru devoir condamner à mort, et qui écrivait récemment dans *la Montagne* : « La Révolu- « tion de 1871 est athée. Nous biffons Dieu ! » à quelle école et dans quel milieu a-t-il puisé ses doctrines ?

[1] Ces textes sont extraits d'une brochure, intitulée *Congrès international des étudiants*, et publiée à Liége immédiatement après le congrès, en 1865.

III

L'athéisme et le matérialisme, ce que M. Littré appelle *la conception positive du monde*, ce qu'il affecte constamment de décorer du nom de *science*, sont, pour lui, la préparation doctrinale du socialisme, et doivent l'amener nécessairement; et c'est pour hâter l'avénement du socialisme qu'il répand infatigablement ces désolantes et coupables doctrines. C'est là l'œuvre à laquelle il a voué sa vie. Écoutons-le :

« Le socialisme seul est la religion des classes déshéritées[1]. »

« La philosophie positive est la forme déterminée du socia-« lisme[2]. »

« Le socialisme est l'espérance et la foi de ceux qui veulent que « la Révolution ait une issue[3]. »

« La Révolution a pour aboutissant nécessaire une *régénéra-« tion radicale* qui, changeant *toutes les conditions mentales*, « changera parallèlement *toutes les conditions matérielles*[4]. »

« La réforme mentale aura pour conséquence la réforme ma-« térielle[5]. »

« Le dogme nouveau, qui ne prend son existence que dans la « philosophie positive, appelle un régime nouveau[6]. »

« *Le peuple est directement intéressé* au triomphe de la philo-« sophie positive. Ce triomphe et le sien, c'est tout un[7]. »

« Sur le domaine historique, philosophique ou scientifique, « *les recherches ne peuvent demeurer encloses dans les livres et* « *dans les écoles*. Non ; quelque intention qu'on ait, *elles vont* « *inévitablement* PORTER COUP *à l'ancien ordre intellectuel*, MO-« RAL, SOCIAL.

« La philosophie positive sait et professe *qu'on ne peut pas* « *avoir une conception du monde différente de celles qui régnè-*

[1] *Conservation*, etc., p. 228. — [2] *Ibid.*, p. 198. — [3] *Ibid.*, p. 177. — [4] *Ibid.*, p. 170. — [5] *Ibid.*, p. 111. — [6] *Ibid.*, p. 84.

« *rent et qui règnent, sans que* TOUT, *s'en ressentant*, SE MODIFIE « ET SE TRANSFORME[1]. »

On a parlé, je le répète, des rétractations de M. Littré : mais sur tous ces points, de rétractation ou de désaveu, je ne connais aucune trace; mais je sais, messieurs, des aggravations, que je vais dire : je les prends toujours dans des textes qui sont d'hier, dans les plus récents numéros de *la Philosophie positive;* les voici :

« Je me suis dit depuis depuis bien des années, et je me dis en« core socialiste[2]. » Voilà ce que M. Littré écrivait en octobre dernier.

« *La philosophie positive* est, DE SOI, *une doctrine socialiste*, « puisqu'on entend par socialisme toute doctrine qui se propose « de *renouveler l'assiette ancienne de la société*[3]. »

« Le second POINT ESSENTIEL à relever dans *le socialisme*, c'est « la notion qu'il a d'une RÉNOVATION SOCIALE. EN CELA IL EST D'AC« CORD AVEC LA PHILOSOPHIE POSITIVE[4]. »

« La philosphie positive sait ce que doit être *la base spirituelle* « sur laquelle s'établira la *rénovation de la société*[5]. » Cette *base spirituelle*, M. Littré nous l'a assez dit, c'est l'anéantissement de toutes les doctrines théologiques et spiritualistes.

Et, il le faut ajouter, le socialisme, avec lequel M. Littré « sympathise, » ce n'est pas un socialisme abstrait, c'est le socialisme vivant et militant, le socialisme de l'Internationale. C'est M. Littré, écrivain, penseur, qui s'occupe de préparer philosophiquement et doctrinalement les voies à l'Internationale, laissant aux hommes d'action, « *aux tentatives des classes*, » comme il dit, le soin de tout réaliser :

« *La philosophie positive*, qui, elle aussi, dans un sens bien « plus général, *demande que* les OPINIONS, les MŒURS et les INSTI« TUTIONS découlent désormais DU NOUVEAU PRINCIPE, qui est la con« ception scientifique du monde; la philosophie positive indique « *le sens de la rénovation*, laissant *aux tentatives des classes* et

[1] *La Philosophie positive*, année 1866.
[2] *La Philosophie positive*, octobre 1871, p. 185. — [3] *Ibid.* — [4] *Ibid.*
[5] *Ibid.*, décembre 1871, p. 429.

« aux événements le soin d'indiquer les mesures transitoires ; à « ce titre donc *elle sympathise avec le socialisme*[1]. »

Voilà pourquoi M. Littré applaudit à l'Internationale, et déclare qu'elle a « son approbation en principe[2] ; » et il reconnaît qu'il en a encouragé la création :

« Il y a quelques années, en cette Revue même, J'APPLAUDISSAIS « aux efforts DES OUVRIERS pour *s'associer*, j'encourageais LES « UNIONS A S'UNIR ENTRE ELLES, et à *dépasser les frontières* qui « séparent *chaque nation*[3]. »

Et il répète que : « malgré de sinistres événements, il persiste « dans son opinion d'alors[4]. »

Et, en effet, « l'Internationalité des classes ouvrières » lui paraît « une idée grande, et dans le sens direct des relations qui « prévaudront entre les nations européennes[5]. »

L'Assemblée nationale prépare une loi contre cette redoutable société ; d'avance, M. Littré déclare qu'il votera contre, et il « engage les ouvriers à lutter » contre cette loi, si elle est rendue, « par la parole, par la presse, par le pétitionnement[6]. »

M. Littré approuve l'Internationale, non-seulement dans son principe, mais encore dans ses moyens d'action, dans *les grèves ;* il lui donne sur ce point des règles de conduite, et lui conseille de s'en mêler et de les diriger :

« Les grèves sont un *fait naturel*, dont il ne faut *ni se « plaindre, ni s'effrayer*. » Un peu plus haut, il dit « un droit. » « Les conseils des associations, et en particulier *ceux de l'Interna- « tionale*, peuvent exercer une *action utile*, soit *en soutenant les « grèves*, quand elles sont *justes*, soit en les déconseillant quand « elles ne le sont pas[7]. »

Bien plus, il justifie en principe la guerre sociale, la guerre des *prolétaires* contre les riches ; car non-seulement il parle de « *la permanence de leurs griefs* » contre les classes riches ; mais il ajoute : « *Les guerres de classe à classe* ont, comme les autres, « *leur place* dans l'arène commune.

[1] *Ibid.*, p. 417. — [2] *Ibid.*, p. 421. — [3] *Ibid.* — [4] *Ibid.*, p. 488. — [5] *Ibid.*, p. 422.
[6] *Ibid.*, nᵉ d'octobre 1871, p. 186.
[7] *Ibid.*, p. 421.

« *Du consentement de tous, l'ancien droit à la guerre* reste « ouvert; et LES PROLÉTAIRES, AINSI QUE LES ROIS, *la déclarent* « *quand*, avec la PERMANENCE DE LEURS GRIEFS, *l'occasion s'en* « *trouve*[1]. »

M. Littré écrit froidement ces choses au lendemain de cette effroyable guerre de classe à classe que nous a faite la Commune, et quand l'Internationale fait retentir dans le monde entier ses cris de revanche sauvage contre la bourgeoisie!

Mais la Commune elle-même, M. Littré n'a *aucun préjugé* contre ce système; pure question d'opportunité, selon lui :

« Je n'ai aucun préjugé contre ces *autonomies fragmentaires*; « mais, DANS LE MOMENT PRÉSENT, il est impossible, en face de « *l'unité allemande, de se fractionner*[2]. »

Il déclare enfin que la *Révolution sociale* n'est que suspendue, que le socialisme vaincu a besoin de se recueillir et de se reposer ; et que cette *rénovation sociale*, qui demeure *l'affaire capitale*, est remise à des temps plus favorables :

« Le socialisme, lui aussi, après sa défaite, a besoin de re- « cueillement et de repos... C'est pour lui le moment de s'exa- « miner...

« *La rénovation sociale dont le socialisme n'est* qu'une partie, « mais *une partie importante* ET ACTIVE, demeure certainement « *l'affaire capitale;* mais *les affaires, même capitales*, cèdent en « *certaines circonstances* le pas à des conditions impérieuses de « lutte pour l'existence politique. *Nous sommes dans une de ces* « *phases*, et *la rénovation sociale recule, non résolue*, NON « ABANDONNÉE, *mais remise*[3]. »

Si M. Littré blâme les incendies de Paris et le meurtre des otages, c'est qu'il croit qu'ils étaient inutiles à la défense. Mais s'ils n'eussent pas été inutiles à la défense, M. Littré les approuverait donc?

« Je concéderai, si l'on veut, l'état des esprits *étant tel que* « *l'appel à l'insurrection demeure toujours ouvert*, je concéderai

[1] N° de décembre, p. 421.
[2] *Ibid.*, décembre 1871, p. 420. — [3] *Ibid.*, p. 418.

« que les insurgés ONT PU tuer et détruire pour leur défense ; « OUI, POUR LEUR DÉFENSE ; mais qui osera dire que c'est pour la « défense qu'on a tué les otages, et brûlé tant d'édifices publics « et privés[1] ? »

Mais, de cette nécessité, les combattants se croyaient meilleurs juges que vous ! Quand Cluseret et les autres préparaient ces incendies, c'était leur défense qu'ils entendaient préparer. Et ces jours-ci même, à Versailles, la citoyenne Louise Michel, devant le 6e conseil de guerre, s'écriait : « Quant à l'incendie de Paris, « oui, j'y ai participé. Je voulais élever contre les Versaillais une « barrière de flammes. »

Dans le moment où je citais à l'Académie ces textes prodigieux, un de mes confrères ne put s'empêcher de me demander : « Mais « tout cela est-il signé ? » Comment ! répondis-je ; mais tout cela se trouve dans ces numéros de la *Philosophie positive* que j'ai apportés ici ; tout cela est d'hier ; tout cela est imprimé, signé, publié par M. Littré lui-même.

Eh ! messieurs, permettez-moi de vous le dire, pensez-vous donc que ce soit pour moi un plaisir, que je trouve une satisfaction quelconque, à vous redire ces choses ! Ah ! ce matin, il a fallu me sentir pressé par un effroyable devoir, pour me décider à quitter Versailles, et à venir ici ! On aimerait mieux, croyez-le bien, quitter tout, l'Académie et le reste, que d'être condamné à de pareilles nécessités !

Du reste, messieurs, je comprends vos étonnements. Et Comment, en effet, se défendre ici d'un étonnement profond ? On fusille ou l'on déporte ces malheureux à Versailles ; on s'entend avec les gouvernements pour se défendre contre cet ennemi commun, l'Internationale ; l'Assemblée prépare une loi contre elle : et voilà M. Littré, qui n'a « point de préjugé » contre le système de la Commune, qui « approuve l'Internationale en principe, » qui condamne d'avance la loi qu'on prépare contre cette redoutable société, qui approuve son intervention dans les grèves, « ces

[1] Octobre 1871, p. 189.

« grèves immenses, invincibles, » comme disait un membre de l'Internationale, destinées à faire capituler la société; voilà M. Littré qui parle de « la permanence des griefs » du prolétariat; qui proclame « l'appel à l'insurrection toujours ouvert, » et trouve que « les guerres de classe à classe ont leur place, comme « les autres, dans l'arène commune; » assimilant ainsi sans distinction les guerres sociales, les guerres civiles, aux guerres de peuple à peuple; le voilà qui, faisant écho à sa façon aux cris de revanche du socialisme vaincu, déclare que celui-ci « se re- « cueille, se repose, » et attend, et que la révolution, « la « rénovation sociale n'est point abandonnée, » mais simplement « remise » à des temps plus favorables :

Et on dit qu'il n'y a rien en tout cela d'actuel; que là n'est point en ce moment la question, ni le péril!

Eh bien, moi, dans mon âme et conscience, je crie : C'est là qu'est la question! c'est là qu'est le péril!

Comment! la question et le danger ne sont pas là! Et M. Littré vous dit : « Les choses marchent, et si l'on prend contre nous « les positions officielles, en revanche, nous prenons les *positions* « *réelles*, à savoir les *convictions*, les *sentiments*, les *consciences*. « Quel plus éclatant succès peut désirer le SOCIALISME, que de « gagner, avec une aussi prodigieuse rapidité, les esprits et les « cœurs[1]?... Telle est la situation. Quelle qu'en soit l'issue, notre « rôle à *nous, socialistes*, est tout tracé : continuer NOTRE PROPA- « GANDE INFATIGABLE, en France et hors de France, par la parole, « par la presse, par l'exemple[2]. »

Et c'est hier même que M. Littré écrivait :

« Parmi tant d'œuvres qui réclament aujourd'hui dans notre « pays *avec urgence* l'intelligente ardeur des hommes jeunes et « de bonne volonté, *il n'en est pas de plus laborieuse ni de plus* « *méritoire*[3]. »

Mais cette préparation du socialisme par la démolition de toutes les croyances spiritualistes et religieuses, n'est-ce pas ce qui se

[1] *Conservation*, etc., p. 172.
[2] *Ibid.*, p. 228.
[3] *La Philosophie positive*, décembre 1871, p. 441.

poursuit avec le plus de profondeur aujourd'hui, non-seulement dans les classes lettrées, mais dans les masses populaires, et jusque dans nos écoles primaires?

N'est-ce pas un ouvrier qui disait naguères à M. Reybaud, membre de l'Académie des sciences morales et politiques : « Nous, « monsieur, nous sommes positivistes! » Mais si vous les interrogiez aujourd'hui, que vous diraient-ils?

Des soldats, pendant la guerre, rencontrés et interrogés par moi, à Orléans, m'ont répondu la même chose!

« Les masses intelligentes sont et se disent SOCIALISTES, écri- « vait l'auteur d'une petite *Histoire populaire de la philosophie*. « Avec son admirable instinct, le peuple ne voit pas dans LE « SOCIALISME un parti, il y voit UNE RELIGION... » C'est le mot même de M. Littré : « Le socialisme est la religion des clas- « ses déshéritées. » L'auteur de l'*Histoire populaire de la philosophie* continue : « IL EST IMPOSSBILE qu'*une grande révolution so-* « *ciale* ne soit en même temps *une grande révolution religieuse.* » Est-ce lui ou M. Littré qui parle ainsi?

Manifestement M. Littré est à la tête de la propagande socialiste; et il multiplie chaque jour le nombre de ceux qui travaillent avec lui à la même œuvre de perversion intellectuelle et de renversement social.

N'a-t-on pas, sous la Commune de Paris, distribué aux enfants dans les écoles, un affreux petit livre où se lisaient ces mots :

« Dieu n'est pas prouvé, l'âme n'est pas prouvée... L'homme, « ne pouvant connaître rien de ce qui est en dehors et au-dessus « des sens, *que ce soit surnaturel ou métaphysique*, est forcément « réduit à ne connaître que ce qui est dans son domaine... Il « étudiera *les mathématiques*, *l'astronomie*, *la chimie*, *la biologie*, « *la sociologie*... Nous ne craignons pas de dire que cette étude est « l'étude *du vrai Dieu*... Voici venir le *culte du positivisme*[1]. »

Ce n'est pas M. Littré qui a écrit ces lignes, mais il les signerait. Le programme d'éducation populaire qu'elles contiennent est le sien, mot pour mot. C'est celui qu'il exposait dès 1848 : ce plan

[1] *Dieu devant la science*, par Édouard Boullier, p. 18 et 20.

d'éducation « absolument universel, » pour tous, même pour les femmes : toute l'encyclopédie des sciences, mais pénétrées d'athéisme et de matérialisme, y était renfermée. Et c'est celui qu'il expose encore, ce mois-ci même, dans le dernier numéro de *la Philosophie positive*.

« Instruction *primaire*. » Qu'on le remarque bien, il est question d'instruction primaire. « Elle est *positive* et *encyclopédique*. » *Toutes les sciences* y sont enseignées, *arithmétique*, *géométrie*, *mathématiques pratiques*, *géographie*, *cosmographie*, *mécanique céleste*, *géologie*, *physique proprement dite*, *chimie*, *biologie*, *sociologie*. Dans ce dernier cours, pour les petites filles des écoles primaires, je remarque « la lecture et la connaissance des grands « auteurs du siècle de Louis XIV. » — Il est vrai que, pour l'*Instruction secondaire*, « l'étude des langues anciennes, grec, latin, « ou autres, sera tout à fait facultative : » c'est-à-dire abandonnée.

C'est un semblable plan que je trouve développé dans un rapport présenté au Congrès international de Bâle, au nom des sections genevoises de l'Internationale [1].

C'est le plan enfin que M. Gambetta [2], grand admirateur de M. Comte, qu'il qualifie « un des plus grands penseurs des temps « modernes, » et grand partisan aussi des idées de M. Littré, qu'il appela à Bordeaux, pendant sa dictature, pour les développer dans

[1] *Le Livre bleu de l'Internationale*, par Oscar Testutt.

[2] Voulez-vous la preuve du lien étroit qui existe entre les doctrines positivistes et les faits démagogiques? Ouvrez l'une des dernières livraisons de la *Revue matérialiste et athée*, qui se publiait à Paris, avant le 4 septembre 1870 ; puis lisez la liste des maires et adjoints qui s'étaient emparés des mairies le lendemain, sous le ministère de M. Gambetta, et vous y trouverez, exactement, tous ces noms, passés de la *Revue* à la mairie, du lieu où l'on disserte au lieu où l'on agit, sur qui? sur les enfants du peuple et sur les pauvres gens :

MM. Mottu (10e arrondissement).
Robinet (6e arrondissement).
Bertillon (5e arrondissement).
Ranc (2e arrondissement).
Robert Halt (13e arrondissement).
Parisel (7e arrondissement).
Ulysse Parent (3e arrondissement).
Asseline.
Héligon, etc.

un cours, aux élèves de l'École polytechnique, c'est ce plan que M. Gambetta, dis-je, réclamait ces jours-ci même dans son discours de Saint-Quentin.

Certes, si la candidature de M. Littré a dû jamais paraître impossible, je le demande à tous ceux qui voudront bien peser les textes que je viens de citer, je le demande à la conscience et à la bonne foi, n'est-ce pas au lendemain de l'Internationale et de la Commune?

IV

Telles sont les observations que j'ai cru devoir faire; et j'ajoutai : Vous ne connaissiez pas ces textes, messieurs; mais je les connaissais, moi, et je devais les connaître. Car, laissez-moi vous le dire, j'ai ici de plus grands devoirs à remplir que vous. Vous êtes d'éminents littérateurs, d'illustres érudits, de savants philosophes, tout occupés de vos nobles travaux. Mais moi je n'ai pas de si doux loisirs. Je dois, pour les âmes, me tenir d'office à la frontière, et veiller sur les envahissements qui les menacent.

On m'a répondu : Oui, les doctrines de M. Littré sont déplorables, et dangereuses; nous partageons tous sur ce point les sentiments que vient d'exprimer M. l'évêque d'Orléans. Mais nous le prions de vouloir bien considérer ceci : on ne peut supprimer le mal; il est dans le monde, il y a toujours été, et il faut se tolérer les uns les autres.

J'ai répondu : Je n'ai jamais cru qu'on puisse supprimer le mal dans le monde; mais je crois encore moins qu'il faille le couronner. Oui, il faut le vaincre par le bien, comme vient de le dire mon éloquent contradicteur; mais pour cela, il ne faut pas lui donner des armes, et l'élever sur le pavois.

M. Comte demanda un jour à M. Guizot de créer pour lui une

chaire au collége de France. « Quand j'aurais jugé à propos de « faire créer la chaire qu'il me demandait, écrit M. Guizot dans « ses *Mémoires*, je n'aurais certes pas songé un moment à la lui « donner [1]. »

Et nous, messieurs, nous ferions bien plus : nous donnerions à M. Littré un siége à l'Académie; mais est-il quelque part une chaire aussi élevée?

Quoi! M. Littré n'a jamais osé présenter ses livres positivistes à vos concours; vous lui auriez refusé vos prix; et vous voulez qu'il les décerne à d'autres! Vous lui donneriez votre plus haut prix, et le feriez juge avec vous des œuvres intellectuelles et morales que vous devez couronner!

On m'a dit encore : Il ne faut rien exagérer ici. M. Littré est un écrivain, un penseur isolé.

Isolé? Je ne connais personne en France qui soit moins isolé que lui. Il est chef, chef d'école, et de la plus grande, de la plus redoutable école de matérialisme et de socialisme qui soit aujourd'hui chez nous. Personne n'aura plus travaillé que lui, de notre temps, à répandre ces doctrines subversives; personne n'aura exercé sur la jeunesse des écoles et sur les ouvriers une influence plus funeste.

Mais, dit-on enfin, c'est l'écrivain laborieux, le philologue que nous nommons; ce n'est pas l'athée matérialiste et socialiste.

Sur ce point, messieurs, j'ai besoin de m'expliquer, en peu de mots, mais a fond; car c'est ici le nœud précis du dissentiment qui existe entre quelques-uns d'entre vous, et moi.

Lorsque je me suis résolu, il y a quelques années, et aujourd'hui encore, à combattre la candidature de M. Littré, j'ai cru que les plus hauts intérêts étaient engagés dans cette question : ma conviction était que l'Académie ne pouvait être indifférente à ces intérêts sacrés, et j'ai eu l'ambition de défendre l'honneur du corps auquel j'appartiens.

[1] *Mémoires*, t. III, p. 127

Tout dépend en effet, dans ce débat, de l'idée qu'on se fait de l'Académie, de la tolérance et de la liberté.

Je me suis fait toujours, quant à moi, une grande idée de l'Académie ; et quand je vois qu'elle renferme les premiers hommes d'État, les premiers philosophes, les premiers jurisconsultes, les premiers littérateurs de mon pays, je comprends que la France soit attentive à ses actes, à ses séances, à ses paroles, à ses choix, et je me suis accoutumé à la pensée que rien ne devait faire descendre l'Académie de cette hauteur.

On parle de la liberté des opinions. Que tel ou tel écrivain soit ceci ou cela, l'Académie ne s'en occupe pas, tant que cet écrivain ne lui demande pas ses suffrages. Mais la tolérance pour la liberté d'autrui ne peut pas empêcher l'Académie d'avoir sa liberté à elle. Elle est libre surtout de ne pas aller chercher les candidats. Et en parlant de la sorte, je suis dans les principes et les antécédents de l'Académie.

L'Académie ne recherche pas ce que chacun pense dans l'intimité de son âme; mais quand les opinions sont produites au grand jour et avec éclat, et que dans ces conditions un candidat se présente à elle, il est évident qu'alors couronner, pour l'Académie, c'est sanctionner; et le bon sens dit que l'Académie ne peut sanctionner toutes les opinions. Il est impossible de croire que quand l'Académie est appelée à juger un écrivain et à couronner ses écrits, elle doive faire abstraction absolue de la valeur morale et de la portée des doctrines. Il est impossible de dire que l'Académie n'a rien à voir au fond des choses, et ne doit avoir égard qu'aux phrases, aux mots, au style, comme si elle n'était qu'une réunion de rhéteurs.

Le plus grand argument invoqué en faveur de la candidature de M. Littré, c'est qu'il est l'auteur d'un savant dictionnaire historique de la langue française, et qu'il aidera l'Académie à achever le sien. Eh bien, ce qui fait désirer à quelques-uns le concours de M. Littré est précisément ce qui me le fait craindre. M. Littré devenu académicien sera le secrétaire perpétuel du dictionnaire. Je l'attends, je le redoute, à la définition des mots, *Ame*, *Pensée*, *Dieu*, *Liberté*, etc. Et il ne me plaît que nous soyons tous responsables devant la postérité d'un dictionnaire rédigé par la main d'un homme qui pourrait mettre sous les mots qu'il définirait les idées que nous connaissons.

Au fond, la vérité, dans cette question, c'est simplement que, à l'égard des opinions professées, il y a une limite ; il y en a toujours eu, il doit y en avoir.

Et, s'il y en a une, elle est ici ou nulle part.

Car il s'agit ici d'un degré et d'un genre d'erreurs tellement à part, que toute société, toute religion, toute philosophie les repousse, et qu'avec elles nulle société, nulle religion, nulle philosophie n'est possible.

La liberté de tel ou tel candidat reste donc ce qu'elle est : la liberté des membres de l'Académie consiste à voter pour ou contre.

Et ma liberté à moi, comme à chacun de mes confrères, consiste à combattre ou à appuyer, selon mes convictions, telle ou telle candidature.

La liberté ne peut être le désarmement ; elle est l'usage d'armes loyales, à savoir la discussion publique, qui éclaire et permet la libre défense.

Mais, enfin, qui aura fixé la limite ?

C'est la libre décision de chacun des membres de l'Académie, éclairé par sa conscience et par la libre discussion.

On ne viole par là le droit d'aucun candidat.

Quand tel candidat me dit : Mes pensées sont-elles libres ? je lui réponds : *Oui ;* mais à vos risques et périls.

Quand il ajoute : Mes pensées sont-elles bonnes ? sont-elles dignes de la plus haute récompense ? je réponds : *Non.*

S'il ajoute : Mon style est pur, et ma vie est honnête ; je réponds : Votre vie, je la respecte ; mais votre style, c'est le manteau de vos pensées ; et nos palmes sur ce manteau aideraient ces pensées à faire leur chemin ; je vous les refuse : et je prie l'Académie de ne pas vous fournir la tribune et le piédestal.

En terminant, mon esprit et mes pensées s'élèvent dans une région plus haute, j'ose le dire, que l'Académie elle-même. C'est la France que je vois; je ne puis détourner mes tristes regards de ses malheurs et de ses périls.

Quoi ! vous voulez sauver la France, et c'est ainsi que vous vous y prenez! Une glorification solennelle du matérialisme et du socialisme, voilà ce que vous imaginez pour elle, en ce moment, où elle penche au bord de tous ces abîmes !

On a tout enlevé à ce malheureux pays, la paix, la sécurité, les croyances, Jésus-Christ, la rédemption, la croix : et le peu qui lui reste, Dieu, l'âme, la loi, la liberté morale, la vie future, vous le livrez !

Que voulez-vous donc? Et quels coups faut-il que vous receviez !

Ah ! ce n'est pas tant mon église, c'est votre maison qu'on dévaste ! Et il faut que ce soit moi qui vienne ici la défendre ! Car toutes ces choses, qui sont votre dernier bien, la raison, la philosophie, la société, la base de vos institutions, le principe de vos lois, le fond de vos doctrines, le sujet de vos livres, la protection de votre foyer, les mœurs de vos enfants : voilà ce que je défens et ce que vous livrez, en couronnant ceux qui les ruinent !

Il y a une Académie française, respectée dans le monde; et voilà ce que vous voulez en faire! Et après, qui donc pourrez-vous arrêter sur le seuil de votre Académie?

Je cherche ici, et je regrette M. Cousin, et pour deux raisons; c'est d'abord parce que je prends en ce moment la défense de la philosophie spiritualiste. Il me disait à moi-même, il y a huit ans, à propos de cette même candidature : Ce sont les vérités fondamentales de l'esprit humain, les axiomes de toute société régulière qui sont en cause : vous parlez pour nous!

Mais je regrette encore M. Cousin parce que je n'ai pas oublié l'opposition courageuse qu'il fit dans une autre académie à la candidature d'un très-honnête homme, respectable aussi comme M. Littré. « Votre ami, dit-il aux défenseurs de ce candidat est athée, matérialiste, et il brave le sens commun : il est libre d'écrire des livres, de gagner des électeurs, et de se faire un grand renom; mais un jour viendra, où le sens commun qui n'est pas la philosophie, mais qui est le juge de la philosophie, s'assoiera sur sa tombe, et le rayera de la liste des penseurs; et jusque-là il est inéligible, à moins que l'Académie ne veuille abandonner toute direction sur les travaux de la jeunesse, et enlever toute signification à l'honneur d'être admis dans son sein. »

† FÉLIX,
Évêque d'Orléans.

Versailles, 25 décembre 1871.

PARIS. — IMP. VICTOR GOUPY, RUE GARANCIÈRE, 5.

RÉPONSE

DE M. L'ÉVÊQUE D'ORLÉANS

AU JOURNAL *DES DÉBATS*

MONSIEUR LE RÉDACTEUR EN CHEF,

Le journal des *Débats* publie, ce matin, contre moi, un article que je ne puis laisser passer sans y répondre. Ne sachant, puisque l'article est anonyme, à qui je dois adresser cette réponse, c'est à vous, Monsieur, que je l'adresse.

Les *Débats*, dans le style agréable qui leur est familier, me reprochent l'*emportement* de ma décision. Rien n'a été moins emporté, ni moins irréfléchi, Monsieur. Dès le 21, j'ai averti mes confrères, et si le 30 même, immédiatement après le vote, j'ai écrit au directeur de l'Académie, c'est que je n'ai pas voulu laisser croire un seul jour, une seule heure, qu'un évêque pût accepter ce qui était à ses yeux un scandale.

Vous ne vous placez en aucune sorte, Monsieur, au point de vue qui a été le mien, et qui domine tout ici ; et, si vous me permettez de vous le dire, vous vous égarez dans des considérations plus que secondaires, tout à fait étrangères à la question.

En combattant la candidature de M. Littré, j'ai songé avant tout à la religion, aux âmes, aux périls de la jeunesse et de la société, aux intérêts supérieurs de la morale et de la vérité : convaincu en même temps que l'Académie ne pouvait être indifférente à ces intérêts sacrés, j'ai eu l'ambition de défendre l'honneur du corps auquel j'appartenais. Le triomphe de cette candidature, dans de telles conditions, m'imposait un autre devoir : je l'ai rempli.

Vous dites que je ne devais pas refuser l'entrée de l'Académie française à un savant déjà membre de l'*Institut* ; que j'embarrasse l'Académie en la forçant de « louer un « académicien vivant; » que je la gênais déjà en lui faisant entendre des « homélies qui ont veilli;» et que ma démission enfin va prêter « aux réflexions les moins mélanco« liques de la galerie. » Telle est la hauteur de vues à laquelle vous vous élevez ici, Monsieur.

Il me serait facile de vous répondre que le savant M. Littré étant déjà de l'Académie des érudits, il n'y avait pas beaucoup de motifs pour l'appeler à l'Académie des littérateurs; qu'un embarras autrement sérieux que celui dont vous vous montrez préoccupé, sera de faire l'éloge des œuvres et des doctrines de celui qui vient d'être élu : l'assemblée si délicate, qui fait l'honneur de l'Académie, au jour de ses grandes réceptions, en même temps que l'Académie fait quelquefois ses nobles délices, se lèverait tout entière, Monsieur, si on osait devant elle exposer quelques-unes des théories du nouvel académicien sur Dieu, l'âme, la pensée, la liberté morale, l'amour, la sociabilité, l'homme ! Je pourrais ajouter qu'un pontife de l'athéisme devrait être, à l'Académie, plus gênant qu'un pontife de la religion, et que si la « galerie », dont vous parlez, peut trouver ici matière à rire, il y a une autre galerie qui rira aussi, mais d'un rire amer, c'est l'Europe, c'est l'Allemagne, enchantée de tout ce qui démontre et accélère l'abaissement de la France. Cette galerie a, j'en suis sûr, l'opinion que mes vieilles homélies sur *l'athéisme et le péril social* ont été singulièrement rajeunies par les horreurs de la commune.

C'est là, Monsieur, qu'est le côté grave de la question; car les questions ne sont pas ce que veulent les hommes, et il y a des temps qui ajoutent à leur gravité : il ne dépend ni de vous, ni de moi, de changer l'épouvantable année qui vient de finir. Tout est là.

Et comme j'ai d'autres pensées que vous sur les ravages que le matérialisme athée propage dans toutes les classes d'une nation, je m'aperçois que je ne m'entends pas davantage avec vous sur l'idée que l'on doit se faire de l'Académie française.

Si l'Académie française n'était qu'un salon de conversation littéraire, et si la négation publique et obstinée de Dieu, de l'âme et de la liberté humaine, ne sont que des chimères sans importance, vous avez parfaitement raison, et j'ai tort : qui entre dans un salon, ou qui en sort, le plus souvent qu'importe?

Mais je m'étais fait une toute autre idée de l'Académie; et, comme je l'ai dit à l'Académie elle-même, voyant qu'elle renferme les premiers hommes d'Etat, les premiers philosophes, les premiers jurisconsultes, les premiers littérateurs de mon pays, je croyais et je crois encore que la France est attentive à ses actes, à ses paroles, à ses élections. Mon tort, si j'en ai un, a été de m'accoutumer à la pensée que rien ne devait faire descendre l'Académie de cette hauteur.

Les doctrines de M. Littré sont de telle nature qu'avec elles nulle société, nulle religion, nulle philosophie, n'est possible. Les sanctionner en élevant aux premiers honneurs de l'esprit français l'écrivain qui en est parmi nous le plus ardent propagateur, m'a paru absolument impossible. C'était, à l'heure qu'il est, et dans la confusion intellectuelle où nous périssons, porter un coup trop fort à la conscience publique.

Et en pensant ainsi, Monsieur, j'étais dans les traditions et dans l'esprit même de l'Académie française. J'en ai pour garants deux grands académiciens, M. Villemain et M. Cousin. L'un a été membre de l'Académie française pendant cinquante ans, et son secrétaire perpétuel. L'autre a siégé aussi, dans la noble compagnie, on sait avec quel éclat, pendant plus de trente ans. Or, ni l'un ni l'autre n'admettaient que la qualité des doctrines importât peu à l'Académie : tous les deux professaient que les erreurs fondamentales, que la négation des vérités nécessaires, constituaient une indignité.

Ainsi, M. Cousin, à propos d'un candidat qui enseignait les mêmes erreurs que M. Littré, disait aux défenseurs de sa candidature, à l'Académie des sciences morales et politiques : « Votre ami est athée, matérialiste, et il brave « le sens commun : il est libre d'écrire des livres, de ga- « gner des électeurs, et de se faire un grand renom ; mais « un jour viendra, où le sens commun qui n'est pas la « philosophie, mais qui est le juge de la philosophie, s'as- « soiera sur sa tombe, et le rayera de la liste des pen- « seurs ; et jusque-là il est inéligible, à moins que l'Aca- « démie ne veuille abandonner toute direction sur les « travaux de la jeunesse, et enlever toute signification à « l'honneur d'être admis dans son sein. »

Et M. Villemain, ayant à expliquer dans une séance annuelle publique, le 21 juillet 1864, pourquoi l'Académie avait refusé ses suffrages à un écrivain, très supérieur à M. Littré par le style, ne craignait pas de déclarer que la cause de ce refus était « une erreur, que le talent ne peut « corriger, et dont parfois il aggrave la portée ; » cette erreur, c'était l'erreur même que professe et propage M. Littré, « la doctrine qui n'explique le monde, la pen- « sée, le génie, que par les forces vives de la matière ; » c'est-à-dire le matérialisme. M, Villemain établissait ensuite éloquemment, ce qui est l'évidence et le bon sens même, que « toute opinion n'a pas droit de se faire accep- « ter indifféremment pour un honneur public ; » et que l'Académie, « dans la négation des vérités nécessaires, » voyait avec raison « l'impossibilité pour elle de couronner « le talent qui les méconnaît. »

Tout cela est péremptoire. Mais il est curieux et triste de penser que c'est à M. Villemain lui-même que l'Académie donne pour successeur M. Littré.

On me dit que l'Académie n'a pas toujours été fidèle à

ce grand respect d'elle-même. Je l'ignore; mais ce que je sais, c'est que je ne l'ai jamais vu s'en départir. Et ce que je sais aussi, c'est que Voltaire lui-même, dont on prononce ici le nom, n'était pas athée; et M. Littré le déclare quelque part bien *naïf* dans l'expression de sa croyance en Dieu.

L'Académie ayant cru pouvoir passer outre, contrairement à l'esprit et aux traditions que je viens de rappeler, il ne me restait qu'un parti à prendre : celui de dire, pour de telles doctrines, mon éclatant mépris.

L'esprit de domination, dont vous parlez, Monsieur, ni l'intolérance, n'ont que faire ici. Jusqu'à présent, j'avais cru que s'expliquer en public, contredire face à face, avec les preuves à la main, en s'exposant soi-même à la réplique, et à la plus libre polémique, cela s'appelait la liberté de discussion ; et qu'en tout cas, de toutes les libertés, la première et la plus innocente, quand l'honneur de la conscience est en cause, était la liberté de s'en aller.

Vous me dites que cependant je consens à demeurer le collègue de M. Littré à l'assemblée nationale.

Ma réponse est simple : Que dix mille, cent mille électeurs d'une cité populeuse votent pour un candidat des causes dangereuses, je le déplore, sans en être surpris; mais que des électeurs choisis et du premier degré, les hommes les plus éminents d'un pays, les maîtres de la politique et des Lettres, élèvent à l'honneur le plus rare dont ils puissent disposer, le professeur le plus connu et le plus militant d'athéisme, au lendemain de la plus épouvantable explosion du matérialisme en politique et en morale que le monde ait vue, cela m'a paru vraiment un spectacle lamentable.

En terminant cette lettre, et en relisant votre article, je m'aperçois, Monsieur, qu'il y a du moins un point où nous sommes d'accord, c'est quand vous parlez « des liens qui m'attachaient depuis vingt ans » à l'académie, où j'ai toujours rencontré, je le redis avec vous, et avec reconnaissance, les respects de mes adversaires aussi bien que de mes amis. Oui, Monsieur, il y avait là, dans cette confraternité, des liens, un plaisir et un honneur, qu'on n'a pu se résoudre à sacrifier qu'à un devoir.

A cela près, je vois, Monsieur, que nous n'entendons de même ni le rôle de l'académie, ni le péril de la société, ni les conséquences des doctrines subversives, ni l'usage de la liberté. Mais ce n'est pas vous, c'est le grand public français, sérieux et conservateur, que j'accepte ici pour juge.

Non, Monsieur, les hommes graves ne trouveront pas, dans un tel incident, comme vos dernières paroles l'insinuent, motif à s'égayer. Et ceux qui seraient tentés de le faire donneraient une preuve de plus de l'incurable légèreté qu'on nous reproche.

Vous avez, au *Journal des Débats*, malgré votre littérature, bien souvent de ces légèretés, fatales à l'intelligence et à la conscience publiques. Vous êtes de ceux qui, après le congrès de Liége, me disaient : « Ce sont des enfants! » C'est à vous que je répondais : « Ces enfants-là, dans dix ans peut-être, seront vos maîtres! » Ils n'ont pas attendu dix ans, et hier ils siégeaient à la Commune de Paris, et vous avez pu lire quelques-uns de leurs noms au bas de ses décrets.

Que l'on continue à avoir en France si peu de souci moral des hommes, de tels compromis et de telles défaillances, non-seulement à l'Académie française, mais ailleurs aussi, et de nouveaux malheurs ne se feront pas longtemps attendre.

Veuillez agréer, monsieur, l'hommage de ma parfaite considération,

† FÉLIX, *évêque d'Orléans.*

Versailles, 3 janvier 1872.

PARIS. — IMP. VICTOR GOUPY, RUE GARANCIÈRE, 5.

www.ingramcontent.com/pod-product-compliance
Ingram Content Group UK Ltd.
Pitfield, Milton Keynes, MK11 3LW, UK
UKHW020951220726
13924UKWH00002B/625

9 782019 948573